소리의 일상

소리의 일상

성낙수 시집

詩와에세이
2013

차례__

제1부

제2부

제3부

제4부

제1부

초롱꽃

말해주기를 가까이 다가와
작은 소리로
나에게만 들리도록
한 번만이라도 말해주기를

널 너무 아프게 해서
너만 생각하면 미안하며
죽는 날까지 미안하고
아니, 죽어서도 미안하다고

한 번만이라도 말해주면
당신을 긴 세월 기다려
산자락에서 혼자
잊을 날 있겠지

가까이 다가와 말해주기를
작은 소리로 나에게만 들리도록
단 한 번만이라도 말해주기를

허수아비 인생

차조밭에 주인 위해
어깨춤 추며 서 있는
허수아비 있지

둑 너머 수수밭에 앉아있는
허수아비 참 어이없다고
손가락질하는구나

차조밭에 서 있는
허수아비가 수수밭에서 앉아있는
허수아비 보고 너무나 어이없어
배 터지게 웃고

제 잘난 멋에 흥겨워 사는
두 허수아비 한참 동안
바라보고 있으니

오른손과 왼손이

오른눈과 왼눈이
서로 돌아서는
허수아비처럼 바지랑대 없는
인생사 참 재미있는 것을

석모도 보문사에서

아직도 남은 게 얼마큼 많은지
값 안 나가는 미련이란 놈
산이 되어 무겁기만 하지

눈썹 바위 보이는 곳까지
도달하면서 내가 가졌던 욕심
계단마다 바람에 하나하나
날려버리며 올라왔지만

발은 평평한 계단에 두어
속세 벗어나지 못 하여도
눈은 하늘 저 멀리 구름 위
단정 학되어 앉아있지

산다는 것은 불어오는 바람에
한 번의 인연으로 돌아
귓가를 스치는 순간에
소리 없이 그냥 떨어지는 것을

죽는다는 것은 하얀 산새같이
몇백 번의 질긴 인연으로
하늘 가르며 마냥 날아가는 것을

아직도 남은 게 얼마큼 많은지
값 안 나가는 미련이란 놈
산이 되어 무겁기만 하지

가을 산 오르니

가을 산 오르니
보이는 것 많아 좋은 것을
벌레 먹은 단풍잎까지
완전 물이 들어
빈자리 고운 하늘빛으로
모두 채우어

굶지 않을 만큼 버섯을 담아오니
그 어디 비할 수 없는 넉넉함이여

어디 마음대로 다 할 수 있겠는가

하얀 손수건에 보듬어
가을 곱게 싸서 보내
남은 것 없는 풍족함으로
산길 내려오며 바라보는
하늘 빙그레 웃고 있구나

어디 마음대로 다 할 수 있겠는가

은행잎 하나

세월 흘러
은행잎 하나 바라보니
소중함은 기억의 언덕
아래에 내려앉아
꾀꼬리 가슴 털로 남은 것을

다른 곳으로 날아가는
걱정에 제자리 멈추어
말없이 서 있지

세워놓은
차 앞 유리에
어쩌다 떨어져 내려앉은
노란 은행잎
하나

은행잎
다시 바라보니

괜한 걱정 안개 되어
한 치 앞 보지 못하고

나무 등걸 보듬어
한자리 서 있지

작은 섬 하나

그냥 한동안 서서
끝내 못 버린
욕심 바람에 날려
연줄처럼 끊어버리면

아직 해가 뜨지 않은
남해 바다
가슴팍 언저리
작은 섬 하나로 남는 것을

그냥 구름으로 서서
끝내 못 버린
그리움 강물에 실어
나뭇잎처럼 떨어버리면

아직 달이 뜨지 않은
서해 바다
가슴팍 언저리

작은 섬 하나로 남는 것을

오근장역에서

다 익어 벌어진 유자는
자신의 몸을 모두 내보여
종족 보존 위해 기울어
시간을 숨김없이 기다리고 있지

애원의 눈빛으로 잘 익어
고운 자태의 탱탱한
유자

멈추는 시간을 거슬러
가슴을 뛰게 하는구나

내 속마음을 알아 차렸다는 듯이
차표를 하얀 손에 쥐고 있는
아가씨는 스쳐 웃는 것을

떠남과 만남, 기다림과 그리움으로
기적소리 없는 제천행 완행열차

지친 슬픔 다 실어 떠나
오근장역 텅 비인
오후

눈물이 강물 되어 흘러
그리움 바다 되어 파도쳐
일상의 기차 멈추지 않는 것을

감꽃, 고수레로 눈뜨고

둥지 속 애기새 노란 부리,
어미 찾는 허기진 소리에
까치밥 떠난 마디마디
감꽃 고수레로 눈뜨고

별똥별처럼 떨어지는 샛노란
감꽃 배고픔에 입맛 다시어
주워 먹던 개금벌* 아이들

차마 떠난다는 소리 채 못하고
감꽃 목걸이, 건네고 돌아선
누이의 눈물진
노랑 치마 끝자락

유년의 물수제비 지는 냇가에
두런두런 젖은 꽃비 내리면
황토 고개 달맞이꽃, 해살이며
까치발 선 그리움

보조개 예쁜 수줍은 미소로
손가락 걸어 올해도 너,
그리움으로 어김없이
돌담 안 뒤란에서 피어나는가

* 옥천 이원에 있는 감꽃 핀 마을의 들판

소리의 일상 1

진정한 프로는
골프공이 본인이
생각한 곳으로 가고
아마추어는 걱정한 대로
골프공 가지

아마 인생도
이런 것이지
노력하여 자신을 가꾸고
부족한 듯 넘쳐나는
물푸레로 살았으면 좋겠지

소리의 일상 2

물방울 같은 찰나의 인생
그래 물방울처럼 살아야지

태산같이 폼나게 살려
아등바등 뭇 사람에게
못 할 짓 하지 말고
작은 물방울로 살아
그냥 소리 없이
돌아가야 후회 없는
삶이 되지

소리의 일상 3

모든 것을 다
치유할 수 있는
명의도 욕심과 오만
치료할 수 없지

욕심과 오만은
우리가 경계해야 할
가장 무서운 것인데
많은 사람들
잘 모르고 있으니
정말 한심할 뿐

과욕을 부리면서
그것을 정작
본인은 모르니
누구를 탓할 것인가

소리의 일상 4

교정 작은
터에 자리하여
불평 하나 없이
지루한 장마도 이겨내고
볼 붉히며 잘 익어가는
애기 사과

교사와 학생의 따뜻한
손길이 닿아
작은 몸짓의 햇살로
곱게 자라주었지

그래, 많은 것 얻기보다
욕심 다 산바람에 버려
몇 개에 만족해야지

소리의 일상 5

냉정하게 생각해보면
지금 다니는 직장을
졸지에 고만둘 때
간곡히 말리는
직원 셋이 있는지

자신이 꼭 필요한 돈
거금의 돈이 절실할 때
두말없이 돈을 꾸어줄
친구 셋이 있는지

자신이 경영하던 회사가
완전히 망했을 때
따뜻한 국밥 한 그릇에
소주 한잔 기울일 진정한
친구 셋이 있는지

진실한 친구 셋이 있다면

그 사람은 말할 것 없이
진정 행복한 사람이지

소리의 일상 6

진실한 친구 대부분
한 사람도 없는 것이
현실이라고 말하지

한 사람도 없는 참담한
상황이 일어날 때
휴대폰에 저장되어 있는
수천 명도 다 죽고
하나도 없는 것이지

수많은 낮밤을
때 가리지 않고
술잔 기울이던 많은
친구 결코 하나도
존재하지 않는 것이지

소리의 일상 7

아무리 나쁜 사람도
자신이 마시는 우물에
침은 뱉지 않지

요사이 자신이 마시는
우물에 침 뱉는 자가
있는데, 이것은
나쁜 사람이 아니라
모자라는 바보이지

정말 구제할 수 없는
불쌍한 바보이지

소리의 일상 8

금강가에서 오랜
시간 보내고 있으면
강물은 순리대로
풀꽃처럼 살라 하지

모든 것을 거스르지 않아
겸허한 마음으로
낮은 곳으로 낮은 곳으로
흘러만 가고 있지

순리대로 멈추지 않아
흐르는 강물 막을 자
그 아무도 없는 것이지

소리의 일상 9

학생과 함께하는 것은
빨리 가는 법
가르치는 것이 아니라
함께 가는 것을
꽃잎처럼 가르쳐야지

물빛 교육은 혁명의
대상이 아니라 점차로
순리대로 단풍이 물들듯
서서히 변화해야지

풀빛으로 자라나는
교육이 희망이며
우리의 파란 미래이지

제2부

문의에서

반 남은 술잔에
달빛 차
밤은 깊어가고

대청호 옆 카페에서
껍데기 까 입에 넣는
땅콩 알 같은
하나뿐인
작은 인생

지금까지 찾았던
진정 알맹이는
과연 무엇인가

비 내리는
대청호 풍경
반 남은 술잔에
별빛 깊어가고

공중목욕탕에서

참 웃기는 세상이여

값진 옷 걸친
연놈들 하도 무게 잡아
눈감고 살고

명예 돈으로 산 놈들
아니꼽게 떠벌려
귀머거리 천지로 사는 게
더 편한 일상

눈 크게 뜨고 귀 열어
홀가분하게 옷 다 벗어 던지고
이제는 평등하다
가슴 펴고 들어서니
인공으로 물건 부풀린 놈들
거들먹거리는구나

순수한 토종으로
살아가기 힘든
참 웃기는 세상이여

빙산

황톳길 하소연하며
눈이 내리는 밤
빙산에 오르는 꿈
가위눌리게 꾸네

인간이 자랑하며 만든
큰 배도 몸서리치며
피해 달아나는
위대한 힘은
눈에 보이는
크기에 있는 게 아니라
속 깊이 바다
젤 수없는 아픔의
중량 때문일 게지

천년 묵은 둥구나무
가지 떨며 망설이는

돌미나리보다 나약한
물싸리 팔뚝이 아니라

손 꼭 잡아
한 소리로 파도치는
낮은 곳에서 팔뚝에 힘준
깃발의 함성이겠지

병역의무 1

×빵이 치게 수십 개월
작은 바람에
불평 없이 떨어져
똥개도 안 물어가는
빛 좋은 개살구

성실하게 의무이행자
마냥 손해 보고
바보 취급받는
이상한 나라

이상한 나라에
정상인 사람들
신의 아들들이 먹다버린 것을
거지가 주워 빨다 놓친
흙 묻은 개살구씨

맑은 물로 씻어

약탕기에 푹 삶아
마른기침 가시게 하는
약으로 쓸거나

병역의무 2

약삭빠른 자들
누구도 먹지 않아
진짜 순진한 사람들
한 몸이 되어 먹는
정갈한 태극 문양의
마른 문어

눈썹 휘날리게 뛰고
뼈 빠지게 땀 흘린 고생
쉬지 않고 가는
국방부 시계 덕분에
개구리 복장으로
고개 숙이고 돌아와서

뒷골목 선술집에서
도수 높은 술 마시며
마른 꽃가지 놓아먹는
술안주 되는 게지

병역의무 3

사실대로 말하다가
군사 보안에 걸리니
군대 이야기 거의 다
거짓말이지

남자들 술자리 모이면
군대 사연 빠지지 않는다고
많은 이들 식상해 하는데
파닥이는 삼 년 세월
어디 재미있어서 하는가

웃으며 하는 이야기
술보다 독한
사태 지는 눈물의 강물이지

해도 해도 끝이 없는
거짓말 같은 사실이지

사백어(死白魚)

퍼덕이는 생선 씹어 삼키며
차라리 내가 횟감 되었어야
한다는 것을 새삼 느끼지

어쩜 이렇게 속 투명하게 살아
몸부림 없이 돌아가는지

호탕하지 못하면서
괜한 큰소리로 오가는
이 빠진 소주잔
진정 부끄럽게 떨려오지

남들이 다 말한
빨래터 거품 이는 이야기를
굉장한 일인 양
술병 가득 떠버리며
입맛 다시는
잘 끓어 넘친 찌개

구절초 꽃잎 방긋 벌어지는
순백의 영혼 앞에 부끄러워
멍하니 작은 섬 쳐다보다
떠나온 곳으로 발길 돌리는
하얀 파도소리

내 죽으면 무슨 색깔로 남을 것인지

골담초

골마루 기름칠해 닦으며
구구단 손가락 꼽으며 외우던
어린 시절은 예쁜 소녀 입술로
사방에 곱게 피는 복사꽃

초등학교 반장선거 때
열심히 반을 위해
일하겠다는 눈빛 맑은
영배 이름 써넣어
한 표 차이로 떨어져
집으로 돌아가는 길

하얀 구절초꽃처럼
깨끗한 선거로 반장 된
영배와 동네 어귀에서
골담초 꽃잎으로 채우는
풋풋한 허기

이제 조금 알 것 같은
나이 되어 골담초 피어난
골목길 혼자 걸으며
높은 위치의 금배지 가슴에 단
어르신 볼수록 웃음이 나
배가 무척 아픈 것을

상당산성

눈이 내리는 날이면
산성 남문에 가 있네

작은 발자국 바르게
남기지 못할 바에야

성벽 맨 아래 돌 되어
여린 손금 지고 살거나

꽃은 가까이 다가서
향기를 느낄 수 있고

사람은 가고 없으니
그 향기 가득하구나

눈이 내리는 날이면
산성 남문에 가
온종일 서 있네

대청댐에서

대청댐 물 팽팽하게 살아있지
고요히 합장하며 숨죽여
죽은 것 같지만

모두 살아 하나가 되어
풀꽃 같이 살아남아
거침없이 움직이지

죽어야지 죽어야지
입버릇 되어도
끝내 버리지 못하는
가위눌린 삶

가는 길 막아도
이제는 돌아갈 수 없이
제자리에 남아 하나 되어
많은 설움 헹구고 있지

가자미

동해에 가 보게
기차 타고 가 보게
이제는 정말 가자미
한 마리 없지

모두 모두 금줄 친
푸른 하늘 본 죄
세속의 수족관 아래
살아남는 게지

가지 않는 손목시계 겉옷에
맞추어 외출하는 양산 너머
그 너머 아무도 없구나

손금 닳도록 비벼 사는
포장된 현실에서
무료급식 줄 사이
물살 지는 나약한

자존심이여

가자미회 되어
초고추장 가지런히 준비된
강자만 살아남아
오금 저린 이 거리

가진 자들만 살 수 있게
멋대로 금줄 친
세속의 수족관
그래 그렇게 죽어 남는 게지

초평에서

가장 아름다운 시절은
어제가 아니라 오늘

하늘과 땅 삿대질하며
가진 것 없기에
두려울 게 없다고
초평 저수지 장자 터
떠난다 하면서
차마 못 떠나는
앞산 넘지 못하는 푸념

물살 지는 아카시아
향기에 골마다 번지는
소쩍새 울음으로
느티나무 이파리마다
밤 지새워 피어나는 안개

해묵은 무딘 바늘에

올라오는 것은
비늘 고운 달빛이지

독도 1

손 한번 잡아보지 못하고
뜨거운 체온 보듬지 않아도
가슴 떨린 오름의 여인

도배지 이은 장문의 편지로
바람결에 가슴 사위어
생각만 하여도 설레는
사랑으로 물살 지는지

패랭이꽃 눈빛으로 떠 있는
갈매기 울음에 곁눈질 없이
옷고름 풀지 않은
산호초의 기다림이겠지

활시위에서 떠난 살처럼
모든 것 다 주고 싶은
사과꽃 향기 나는
그리움이 상감된

하얀 물빛의 사랑이여

독도 2

무자치의 몸짓인
첫사랑에 눈멀지 않아
마지막 사랑으로 물살 져
가슴 떨린 은빛 사랑이여

꾸밈없이 바다 가운데
지지 않는 얼굴 내밀어
골담초 눈빛으로 다가오다가
달맞이꽃 입술로 돌아서는
너에게 오늘도 종다리 울음으로
다가가지 못하지만
나에게 있어 너는
진주의 기다림이지

흔들림 없이 가지고 있는
모든 것 다 주고 싶은
가슴 떨린 나의 마지막
바다 물빛 사랑이여

독도 3

유년시절 산비알
바람이 파도치는
소나무 가지 사이
내비친 산새 알

처음으로 작은
가슴 떨리게 하고
너는 그 자리에 영겁을
한마디 불평 없이
오롯이 있는데

내륙에서 말달리어
옥색 옷고름
곁눈질로 보면서
우리는 모두 그를
첫사랑이라고 하고
또한, 마지막 사랑이라
서슴없이 말하네

이 사회에서는

남을 밟아 일어서야 되는
이 사회에서는
우리 모두 바보가 되지

이긴 자만 살아남는 것이
아닌 것을 다들 알면서
지팡이 내던지고
오직 이기는 길로
치달아 병목현상으로
볼품없이 죽어가지

세상이 그렇게 되먹었다
살아남기 위해 살지 마
하늘 있어 땅이 있고
넘어지는 자 있기에
이긴 자 있는 것을

지폐로 포장된

이 사회의 한복판에
바지랑대 잡아 떠받치는
피곤한 일상에 여유 있는 모습
정말 그립구나

밴댕이

공삭은 뜰에서 젓가락으로
밴댕이 젓갈 입에 넣으며
너만큼이라도 속이
있으면 하지

속 좁은 것이
어디 너뿐인가

속 좁은 게 너라고
모두다 입에 올리면서
진정 자신들 속없는 줄
아무도 모르는구나

머리에서 발끝까지 쌓인
부끄럼 다 털어버리려
죄 하나 없는 네 이름
속죄양으로 삼는구나

속이 텅 빈 놈이나
있는 놈이나 없는 놈이나
모두다 저 잘났다 설치는
정말 이상한 나라에
바람이 파닥이고

곰삭은 뜰에서
밴댕이 젓갈 입에 넣으며
너만큼이라도 속이
있으면 하지

여름

잔털 가시지 않은 여름이야
발가숭이 달의 거친 호흡이지

달맞이꽃의
한밤의 짜릿한 정사

땀방울 폭포 지는
꽃망울의 몸부림

계절의 바튼 비명
옥양목 포대기에 쌓아
옥계 가득 넘쳐

불타는 하늘가
매미소리
진정 교태이지

그래 아주 벗고 떠나리

빌어먹을 이 세상

제3부

패랭이꽃

바람에 부러지어
따사한 눈빛으로
다시 피워

뜨겁게 맘과 몸
나누지 않아
긴 대화 전화 없어도

너는 내가 되고
나는 네가 되어
들길 산길 지나

사랑의 상처 맑게 씻을
계곡 상류의 바람으로
언덕배기 아래 외진 곳
물푸레나무 이웃하여

그냥 낮은 자세로 살아야지

가을

모두 다 떠나는
강둑에 혼자 남아
갈기갈기 찢긴 마음 모아
바지랑대에 받치어놓아
비끼어 가는 바람

쓰다버린 휴지처럼 버려지는
낙엽 멍하니 바라보는
시름 서린 계절의 눈빛

억새꽃 흔들리는
강둑에 서 있는 가을은
모두 다 벗어버린
실업자인가

눈물이 불어오는
바람에 마르지 않아
자꾸만 도랑물 지는구나

그래도 별 볼일이 없는
빈자리 기다리며
남아있어야지

달맞이꽃

너는 기다림이란
단어에 익숙해 있어
몇 됫박 눈물 필요하다면
주저 없이 흘릴 것이지만

나는 그리움에 익숙해 있지 않아
한 방울 눈물 없이 뜨거운
가슴 식어가는구나

나에게는 짧은 한낮이지만
너는 즈믄 해보다 더 길게
기다려 맞이하는 손님 위해
오랜 시간 고웁게 치장하여
내숭 떨어 미소 짓는가

달빛이 미치도록 고운 밤
산다는 것은
기다림의 연속이며

죽는다는 것은
그리움의 끝이겠지

남대천에서

아마 우리도 연어처럼
그렇게 사는 게지

고향 잊지 않아
추억 잊지 못해
살다 죽는 것을

먼바다 보지 않고
긴 여행 못하여도

그렇게 그렇게
매사에 아옹다옹
죽어가기 위해 사는구나

백사장의 모래알에 지나지 않는
하찮은 자신을 남기기 위해
인생이란 소금기 물린
오늘 힘들여 사는구나

아마 우리도 연어처럼 사는 게지
고향 잊지 않고 추억 잊지 못하여
연어처럼 그렇게 살다 죽는 것을

남대천 눈빛 고운 연어야
먼 훗날 다시 만나자꾸나

첫사랑

첫사랑은 팽이 돌리기
어설픈 몸짓으로
꾸밈없이 팽이 돌리기

여러 색 곱게 칠해
설렘으로 돌리어
맘껏 내보여
자기 색깔 나오지 않아
돌아와 일기장 첫 장에
밤새워 써 내려가는
하얀빛 사랑

마음 다 주어 제 세상인 양
돌 때 긴 떨림으로 신나지만
끝내 쓰러지는 보잘것없이
나무로 깎아 만든
키 작은 팽이지

하염없는 시간의 발걸음
쓰러진 팽이 곁에서
잠시 멈추는구나

첫사랑은 팽이 돌리기
어설픈 몸짓으로
꾸밈없이 팽이 돌리기

수학능력시험 보는 날

언제나 추운 것은
엿 많이 먹은 사람이나
찹쌀떡 먹은 사람이나
모두 사시나무처럼 떨기에
하늘도 덩달아 떠는 것이지

세월 지나 알고 보니
인생과 시험 정비례도
시험과 인생 반비례도
아닌 것을

이것을 알면서
그래도
시험일 모두 떠는 뜻은
지난날 원죄 탓인가

기도하는 마음으로
하루하루 살자꾸나

수학능력시험 보는 날
언제나 추운 것은
엿 많이 먹은 사람이나
찹쌀떡 먹은 사람이나
모두 사시나무처럼 떨기에
하늘도 덩달아 떠는 것이지

방앗간에 들러

우리 동네 골목에
일할 연세 훨씬 지난
노인 부부
아침부터 밤이 늦도록
방아를 돌리네

참깨 볶는 냄새에
끌리어 참새도 아닌 것이
방앗간에 들러
참깨 냄새 좋다 하니
노부부 말없이 웃을 뿐

우리가 산다는 것은
노인의 주름진 웃음인가

우리 동네 골목에
일할 연세 훨씬 지난
노인 부부

아침부터 밤이 늦도록
어려운 인생 쉽게 돌리네

이파리

인생은 하늘 끝에
벌레 먹어 구멍 난
몽당 이파리구나

하늘 땅 뒤집히는
배앓이 후 태어나
모진 더위와 추위에
여린 자태 힘들여 살아

억새 추억처럼 나부끼는
소슬바람 서성이는 강둑
그냥 그렇게 돌아가는 게지

우리 모두 떨어져
흙이 되어 바람 되어
다시 몽당 이파리로
살아 죽는 것을

폼 잡아 그럴 듯하게 사는
맨 위 놈이나
고개 숙여 시선 주지 못하는
맨 아래 놈이나

하늘 오르지 못하여 떨어져
태어난 곳으로 찰나에
그냥 그렇게 돌아가는 게지

쑥부쟁이

이슬 맞아 순수한 자태로
언덕 아래 나약히 자리하여
힘 있어 빼어난 자 너무 많아
말 한마디 못하고
이름 잃은 여인이여

알기 쉽게 들국화라
불리며
부르기 쉽게 야생화라
느끼하게 다가서는구나

길섶 너의 순수한 자태에
뭇 사내 눈빛 주어
부푼 가슴 떨리지만
이름 없으면 값싼 몸이라
네 마음 가지려 않아
풍만한 몸만 훔치려 하는가

임자 없는 여인이여
제 이름 잃은 여인이여

첫눈

단풍 든 뜨거운
마음 다 바쳐
맞이한
첫눈 내리어
이 세상 달리
사태 지는 기대

첫눈은 첫사랑처럼
꽃물 드는
그리움으로
남은 것인지

주위 둘러보아
아무것 없는 것을

초라한 나의 어깨
다 녹아 없구나

나무를 베며

어설픈 손놀림으로
톱질하여 나무를 자르네

잘려나가는 게
어디 이뿐이랴

선비처럼 아주 곧은 놈
괘씸죄로 느닷없이
잘려 뒤탈 없애어
모두들 허리 굽혀
알아서 기어 살지

아주 잘난 놈은
고관 고대광실 대들보로
잘려나가 말 못하여
평생 그렇게 사는 거지

얼추 잘난 놈은

돈 있는 상전 서까래로
팔려나가 입 다물어
그럭저럭 사는 게지

어설픈 손놀림으로
톱질하여 나무를 자르네

잘려나가는 게
어디 이뿐이랴

사랑 1

가장 순수한
사람의 이야기

받는 것보다 주는 것에
더 관심이 많은
이슬처럼 고운
꽃망울의 미소

도리깨질로 다 못 벗긴
그리움의 낱알

홍시의 앙가슴 파고들던
저고리 풀지 않은
이별의 아픔을 찧는
디딜방아 소리

금간 시루에 오가던
언약들 켭켭 안치어

인생의 아궁이에 불 지피어
뒤란에서 그리움으로
대나무 되어 자라나고

사랑 2

사랑은
얼추 어리석어
순수하기만 한
바람이 낮은 산보며
지지 않는
꽃망울 피우는 것

사랑이란 것을 하는 사람
마음 깊이 없어지지 않는
들꽃의 향기
항시 지니고 있어야 하지

자신은 낙엽 되어 떨어져도
고운 사람 살아있음에
허리 굽혀 감사해 하여
내 것 다 내 주어 기뻐하고

머리로 하지 않아

가슴으로 따뜻하게
떡점 굽듯 하는 게지

사랑은
얼추 어리석어
순수하기만 한 꽃 이파리
먼 하늘 보며 남 위해
남은 향기 모두 주는 것이지

갈대와 억새

가을에 부풀려
하얀 풀씨 흔들리어
입 모아 갈대라 불렀지

나무와 키재기해
자라면서 복잡한 세상사
갈대와 억새로
나눌 줄 알아야 듣는
개새끼도 안 물어가는
유식하다 소리

편 나누기하듯
하나하나 구별하여
이름 부르는구나

가까이 바라보니
그 차이 많이 나지만
먼 곳에 서서

고뇌의 담배 물어
크게 보아 다
매한가지지

산다는 것
모두 다
이런 것인가

단풍 1

떨어지는 단풍은
오랜 시간
방황 끝에 얻은
마지막 사랑

어설픈 몸짓으로
바람에 새긴 첫사랑
지나가는 구름이
얼룩지게 지우네

땡볕 아래서의 땀 흘려
끈적여 숨 가쁜 사랑
펄럭이는 시간이
다 날려버리고

온몸에 불붙은 사랑
흩날리는 세월의 가을비가
흔적없이 지우지만

사랑은 인간이 내는
소리 가운데
가장 아름다운 말인 것을

단풍 2

사랑하는 사람아
한마디 말 못한
박꽃 같은 사람이여

활활 타는 그리움
옷깃마다 붉디붉은
단 냄새 풍기고

마지막 타다 남은
그 불꽃 속으로
우두커니 우두커니
안기고 싶구나

사랑하는 사람아
사태 지는 그리움에
박꽃 같은 사람이여

늦가을 산행

늦가을 산행 홀로 걸어
보는 즐거움보다
자연에 대해
사는 것에 대해
등걸 지는 이야기로
무수히 낙엽지지

낙엽소리로 걸어
바라보는
저 하늘의 구름

잃은 것은 어떤 게고
얻은 것은 무엇인지

모진 세상 쉽게 살려니
그 또한 어려워
바람 쉬는 오솔길

밟혀도 비명 없는
낙엽소리에
살아있음을 느끼는가

쉼 없이 흘러내려
계곡 물의 몸부림에
무수히 낙엽지지

제4부

수선화

가장 순수한
나의 전부인
여인이여

은은한 향기에
흠뻑 취해
당신이
나 저버려도
진정 당신 못 버릴지니

뜸들여 피운
나의 전부인
사랑이여

주오일제

오래전 아주 오래전
우주만상 신께서 육 일 걸려
그럭저럭 만들어 하루 쉬었다지

그것은 바로 인간의 시간이
아닌 신의 시간

신의 하루 우리의 시간으로
수억 년도 넘는 것을

신께서 인간의 생각 빌려
고생하는 노예들 위해
육 일 일하여
하루 쉬도록 했나니

우리 결코 노예 아닐지니
그래 아주 오랜 시간
흐른 오늘 주오일제

또다시 신께서 인간의 생각에
들어온다면 그리 했겠지

우리는 결코 노예 아닐지니

감자를 심으며

굽은 허리 울 할매
벗어버리지 못하는
가난 올봄에
떨쳐버리겠다고

고운 재로
알몸 씻긴 씨감자
눈물에 버무려 심어졌지

땅속 깊이 심어지는 것은
먼저 가서 산지기 되어
소식 없는 할배 향한
풀물처럼 번지는
그리움이었지

흰 옥양목 치맛자락
가득 흘러내린
숯검정 된 세월의

아픔이었지

뻐꾸기소리 묻어나는
하오의 언덕 너머
애끓는 아픔의 덩어리
고즈넉이 심고 있었지

지게지기

인생은 산허리 오솔길에
빗기는 메아리로 떠돌아
세월의 낡은 지게 위로
나뭇짐 얹기

제 몫을 차지하기 위해
하늘의 어깨 닿도록 고봉으로
폼 잡아 마음껏 소유하고
인고의 지팡이 의지하여

늘어나는 중량에 거드름 피워
아지랑이처럼 인생이 보이는구나

자신이 놓은 덫에 넘어져
무릎에 상처나 일어서지 못하고
발등에 눈물 고이어
그제야 못 가진 자 생각하는지

흩어진 나무토막 사이로
언뜻 죽장이 인생 얼굴 가득
피 흘리고 있구나

많이 쌓는 자나 조금 가진 자나
태어난 곳으로 다시 돌아갈 때
모두 빈손인 것을

뒤뚱이는 노을 보듬어
인생은 세월의 낡은 지게 안에
깔짐 얹기

한 줄의 시

눈을 감아보면
참 이상하게도
눈을 감고 있으면

잘 보이고
잘 들리어
더 잘 느껴지지

두 눈 살며시 감아
한 편의 따사한
사랑의 시
가슴으로 읽어보니

한 줄의 시도 못 쓰고
눈물만 흘리던
그때를 생각하네

창가 하얀 치자꽃

그토록 짙은
향기를 내는데
나는 눈물 흘릴 뿐

한 줄의 시는
눈물보다 뜨겁구나

내가 누군가
미치게 사랑했을 때에도

산사에서

깨어있는 침묵의 소리
산자락에서 메아리로
다시 돌아와 귓전에 이르니

아직 깊은 잠 깨지 않아
그 소리 들어 눈뜨는구나

나무에 기대 생각해보면
목탁의 속이 비어있어
이슬 머금어 골마다 울리는 것을

새벽 산은 다 비워 욕심 없어
보듬어 다시 산사로
돌려보내는 것이지

비어있어야 울리고
작지만 큰 울림이
곧 깨달음인 것을

때늦게 알아

늘 깨어있는
정정한 침묵의 소리로
나약한 나를 풀잎처럼
오늘도 일으켜야지

가을과 봄 사이

낚싯줄같이 팽팽한
겨울나기
작아도 좋은
예쁜 주택에 살아

뒤란에 김장독 묻어
사랑처럼 김치 익어가고

손바닥만 한 앞마당
줄 것 다 내주어
혼자되어 서 있는
못생긴 모과나무

나목의 어깨에 내려와
고기 비늘처럼 반짝이는
별빛

사랑이란 시를 쓰도록

다독이던 감나무
까치밥 하나 하늘에
그리움으로 걸어놓아

겨울 정원의 밤에
별을 뜰채 가득
건질 수 있어 좋은 것을

실업자

작은 선물 하나
품에 안겨주지 못하는
자식놈의 생일 아침
정말 울고 싶은 것을

온종일 돌아다녀도
아무것도 손에
잡히는 것 없어
결코 삼대 못 가는
억수로 치장한
부잣집 담장 지나

삿대질로 마음 삭여
포장 없이 돌아와
아이의 살아있는
뜨거운 눈빛 보고 나
처진 어깨 뒤 곁에서
몰아내는 바람소리

아이의 맑은 눈에
하늘 몽땅 다 내주어
해는 잠들지 않는 것을

뱃고동

백사장으로
밀물지어
비릿한
그리움으로
수없이 가슴 멍들어
소리 내어
눈물 흘리는가

기다리는 사람이나
발길 돌리는 사람이나
바다 깊이 눈물지어

그리움 잴 수 없는
저 바다

붓글씨 쓰며

화선지 위 무시로 나리는
눈발 사이 물총새 한 마리
부리로 쪼아
얼레에 와 닿는
풍수쟁이의 팽팽한
긴장

그대는 지금 들리는가

명당 터 강물 흘러
문패 달지 못하여
낙관 찍히는
사랑

오랜 기다림에 지쳐
무덤가 하얀 들꽃
곱게 피우는 것을

간벌을 하며

그 잘난 소나무의
쉴 공간을 위해
치열하게 살아가는
칡이며 싸리나무
오리나무 노간주나무
모두 다 쳐내는
간벌 망설임 없이 하지

그 잘난 인간의 이름으로
쉬지 않고 간벌을 하며
나 자신 반백 년 묵은
소나무라고 자위하며
아무리 돌아보아
늘 푸른 잎 하나 없고

바르게 걸어오려 노력했으나
지금까지 온 길 꼬부랑길
얼마 안 남은 길에

발자국 남기기 두렵지

그 잘난 소나무의
살아갈 터를 위해
이웃하며 살아가는
칡이며 싸리나무
오리나무 노간주나무
모두 다 쳐내는
간벌 망설임 없이 하지

보름달을 보며

부럼 깨는 소리에 놀라
산 정수리에서
벌떡 달 떠오르는
대보름날 오곡밥으로
한 방울 눈물 없이
허기진 사유 채우고

한껏 가득 차 보이지만
끝이 아니라
시작일지도 모른다는
생각을 밤하늘 보며 하니

세상사 시작도 끝도 없다는
작은 섭리 속에 힘 잃은
발길을 재촉하는 것을

정으로 다 부푼
보름달 끝없이

가는 길을 밝혀주지만
얼마 남지 않은
산비탈 길 바르게 걷지 못하고
걸어온 꼬부랑길 자주 눈길 보낸다

산에서 진달래 꺾어다

산에서 진달래 꺾어다 창가에 놓아
물 갈아주어 며칠을 기다리니
진달래꽃 분홍빛이 손톱 속 하얀 반달처럼
약속 없어도 고개를 내미는지

뿌리 없이 꺾인 너를
꽃 피울까 걱정했는데
힘 들여 피우고 있는 것을

한밤에 너보다 힘든 나는
매실 서너 개 굴러다니는
다 비워진 술병과 함께 누워
그저 그렇게 반쯤 눈을 감아
반쯤은 가슴을 닫으면
세상, 참 아늑해지고

그러나 나 아직은,
가슴에 늘 모닥불 지피며

남은 날을 살아가
꽃이 다 지어 잎 다시 돋아나면
마지막 연둣빛 잎까지 사랑해야지

인생의 들녘에 궂은비 내리고
바람불어 스산해도
작은 사랑의 불꽃 노을처럼
아직 잔잔히 타고 있는 것을

꽃이 피면

나무는 꽃을 피울 때
어떤 두근거림 가질까

오랜 시간 혼자서
꽃을 피우며 사는 나는
지금도 나무보다 설레고
더 떨리어
때론 바람에 흔들리고
세월에 흔들리지만
언제나 돌아보니

나무처럼 늘 그 자리에 선
내가 못마땅해 뿌리째 뽑히기를
원하길 몇 번인지

어쩌나, 마음먹은 대로
인생도 사랑도 되는 게 아니니

꽃 지면 단풍 만들어
노을같이 그리워서 소리 내는
휘파람새 한 마리 있어
두근거리며 서 있는
외로운 나무 되어 참 좋은 것을

장미에 대한 시를 왜 안 쓰냐고 묻는

허구한 날 작은 풀꽃 이야기나 하며
장미에 대한 시를 왜 안 쓰냐고 묻는
가까운 친구에게 그냥 웃고 말지

나도 장미꽃을 좋아하지만
너무 많은 사람 좋아하니
나까지 덩달아 좋아할 것 무엇이랴

술 넘어가듯 쉽게 풀리지 않는
살아온 세월 속에 남은 것은
진정 무엇인지

개울에서 멱 감으며 눈 맞추는
눈빛 선한 패랭이꽃
고모님 댁에 가는 길가
수줍게 마중 나온 들국화
배고픔 잊고자 칡 캐러 가는
산길에 작은 목소리로

배웅하던 쑥부쟁이

지난 수많은 시간 정들어
가슴 아파하고 기뻐하며
함께했기에 아직
잊지 못하는 게지

아니 내가 그들이 되고
그들이 내가 되어있는 것을

억새꽃이 아름다운 것은

억새꽃 저리 아름다운 것은
저 잘난 멋에 혼자 살지 않아
모두 옹기종기 비바람 맞으며
힘든 세월 여유 있는
자태로 살아가는 게지

억새꽃 이리도 아름다운 것은
잘난 놈이나 못난 놈이나
보듬어 하나 되어
힘든 세월 여유 있게
흔들리고 흔들리며 살아가지

억새꽃 늘 아름다운 것은
좋은 터 다 내주어
자신의 처한 자리에
한마디 불평 없이
별빛 받아 달빛이고
아름답게 죽어 살지

봄날

개구리의 목젖에도
물총새의 부리에도
민들레 꽃자리에도
사랑의 의미
붉게 번지어
이것은 분명 본능이
아니라 느낌인 것을

내 귀에 와 평화롭게 지저귀던
새소리 다시 듣고 싶어
가만히 눈감아
생생히 들리는
사랑이 물린 소리

이 봄날에
본능이 아닌 느낌으로
꽃 피는 하루의 언덕을 보고 있지

치자꽃

오랜 만남에도
잊지 못하는 이름
손가락 꼽아 몇뿐이지

수많은 이들 사랑했어도
진정 잊지 못하는 얼굴
얼마나 될까

치자꽃 바라보는 이
나 혼자 아니고
그 향기에 취하는 자
어디 나뿐이리

그냥 마음 편히 바라보며
빈 마음으로
오늘을 살아가고

시인의 말

시인으로 오랫동안 살아왔다. 교사로 살아온 것만큼이나 긴 시간의 강나루를 배회하며 걸어왔나 보다. 멀리 날리는 팽팽한 행복의 연줄을 끊어버리지 않아 가까운 문우들이 좋은 시 쓰기는 진작 글렀다고 야단이었다.

시를 쓰는 일이 카타르시스여야 하는데 이 기쁨을 다 못 느끼니 나의 목소리를 다 못 내기 때문일 것이다. 육칠백 편의 시를 선보여 왔지만 아직 만족한 것이 없으니 시를 쓰는 작업을 중단할 수는 없다.

고난으로 사는 것도 한 편의 시이고 아름답게 사는 것도 또한 편의 시라는 고집으로 지금까지 살아왔다. 시만큼 짧은 인생에 있어 비단 같은 좋은 시를 써낸다는 것은 쉽지 않은 작업이다. 마무리 시집에 남기는 옥양목 같은 삼베 같은 몇 편의 시에 만족해야 한다. 후회는 결코 없다.

시집을 아담하게 엮어준 양문규 시인에게 감사를 전하고, 시집의 일부가 되어 한 편의 시가 된 사진을 손수 남겨준 문상욱 사진작가에게 고맙다는 말을 지면으로 남기고 싶다.

2013년 겨울

성낙수

소리의 일상

2013년 12월 23일 초판 1쇄 찍음
2013년 12월 27일 초판 1쇄 펴냄

지은이 _ 성낙수
펴낸이 _ 양문규
펴낸곳 _ 詩와에세이

신고번호 _ 제319-2005-000014호
주소 _ (120-865) 서울시 서대문구 북아현동 1-495 2층
대표전화 _ (02)324-7653, 070-8877-7653
팩시밀리 _ 0505-116-7653
휴대전화 _ 010-5355-7565
전자우편 _ sie2005@naver.com
공 급 처 _ 한국출판협동조합
주문전화 _ (070)7119-1741~2
팩시밀리 _ (031)944-8234~6

ISBN 978-89-92470-92-6 03810

* 책값은 뒤표지에 표시되어 있습니다.
* 이책은 2013년 충북문화재단기금을 지원받아 발간하였습니다.